BEI GRIN MACHT SICH IHR WISSEN BEZAHLT

AF149015

- Wir veröffentlichen Ihre Hausarbeit,
  Bachelor- und Masterarbeit

- Ihr eigenes eBook und Buch -
  weltweit in allen wichtigen Shops

- Verdienen Sie an jedem Verkauf

Jetzt bei www.GRIN.com hochladen und kostenlos publizieren

Carina Zebrowski

Die Deutung des Todes Jesu im Letzten Abendmahl im Licht des Brotwortes (Mk 14,22)

"Nehmt, das ist mein Leib."

GRIN Verlag

Bibliografische Information der Deutschen Nationalbibliothek:

Die Deutsche Bibliothek verzeichnet diese Publikation in der Deutschen National-
bibliografie; detaillierte bibliografische Daten sind im Internet über http://dnb.d-
nb.de/ abrufbar.

Impressum:

Copyright © 2012 GRIN Verlag GmbH
Druck und Bindung: Books on Demand GmbH, Norderstedt Germany
ISBN: 978-3-656-58056-0

GRIN - Your knowledge has value

Der GRIN Verlag publiziert seit 1998 wissenschaftliche Arbeiten von Studenten, Hochschullehrern und anderen Akademikern als eBook und gedrucktes Buch. Die Verlagswebsite www.grin.com ist die ideale Plattform zur Veröffentlichung von Hausarbeiten, Abschlussarbeiten, wissenschaftlichen Aufsätzen, Dissertationen und Fachbüchern.

Besuchen Sie uns im Internet:

http://www.grin.com/

http://www.facebook.com/grincom

http://www.twitter.com/grin_com

Ruhr-Universität Bochum

Katholisch-Theologische Fakultät

Lehrstuhl Neues Testament

„Nehmt, das ist mein Leib." (Mk 14,22)

Die Deutung des Todes Jesu im Letzten Abendmahl im Licht des Brotwortes

Essay für die Vorlesung:

„Der Skandal des Kreuzes - Deutung des Todes Jesu"

Wintersemester 2011/12

von

Carina Zebrowski

„Nehmt, das ist mein Leib." (Mk 14,22)

Die Deutung des Todes Jesu im Letzten Abendmahl im Licht des Brotwortes

"Nehmt, das ist mein Leib" heißt es in Mk 14,22. Obwohl diese Aussage Jesu im Letzten Abendmahl in den verschiedenen überlieferten Texten mal mehr, mal weniger variiert, sei es überlieferungsbedingt oder durch nachösterlich interpretierende Ergänzungen, ist der allgemeingültige Kernbestand des Brotwortes „Dies ist mein Leib" (vgl. Söding 2002,33). Daher ist es für diesen Essay nicht relevant, einen synoptischen Vergleich aufzustellen und historisch und textkritisch zu hinterfragen, welcher Wortlaut der ursprüngliche ist. Dennoch kann die Auswahl des Markusevangeliums für diesen Essay mit Peschs (vgl. 1978,66) Untersuchungsergebnis erklärt werden, nach dem sich für die Rückfrage nach Jesu Todesverständnis allein die älteste Quelle unter den Abendmahlstraditionen als Ausgangspunkt anbietet, nämlich der Bericht der vormarkinischen Passionsgeschichte Mk 14,22-25. Wenn bei Feld (vgl. 1976,56) noch explizit die Frage gestellt wird, ob Jesus durch die Abendmahlsworte seinem Tod eine Deutung geben wollte oder nicht, geht Pesch (vgl. 1978,100) bereits davon aus, dass Jesus selbst schon seine Situation gedeutet hat und dass sein Deutewort eine Todesdeutung ist. Inzwischen herrscht ein allgemeiner Konsens über diese Tatsache, allein die Auslegungen und Akzentsetzungen zu Jesu Todesdeutungen variieren, wie im Folgenden dargelegt wird.

Das Brotwort „Dies ist mein Leib" kann in drei Dimensionen betrachtet werden, die selbstverständlich miteinander interagieren, aber zunächst weitgehend separat aufgeführt werden sollen. Deutlich wird hier, dass die Deuteworte zum Brot und zum Wein zusammen und als einander ergänzend gesehen werden müssen: „Das Brotwort der markinischen Version ist kein Rätselwort und mit dem Becherwort verbunden" (Gnilka 2010,241). Zudem ist, wie Söding (2002,33) betont, die „Korrespondenz zwischen Geste und Wort entscheidend", denn nur durch das eine bekommt das andere seine Bedeutung.

a) Der Symbolcharakter des Brotes als „Leib"

„Leib" und „Blut" sind in der Bibel ganzheitlich zu verstehen, darüber ist man sich einig. Wenn man, wie Jeremias (vgl. Feld 1976,53) davon ausgeht, das Brot stehe für das Schicksal des Leibes Jesu, oder wie Iersel (1993,226) formuliert: „Das gebrochene Brot deutet Jesus als Hinweis auf seinen Leib", ist das Wesentliche dieser Aussage nicht erfasst und leitet automatisch zur Opferthematik über, wie man gleich sehen wird. Vielmehr ist mit dem griechischen Wort *soma* in der Sprache der Bibel der ganze Mensch gemeint, nicht nur sein „Leib". Söding (2002,33) macht daher deutlich, dass die Paraphrase „Das bin ich" oder „Das ist mein Ich" eine genauere inhaltliche Übersetzung aus dem Griechischen sei und auch Dschulnigg (2007,366) und Gnilka (2010,II,244) übersetzen es mit „Das bin ich selbst".

Diese Deutung ist für das Verständnis von Tat und Wort Jesu im letzten Abendmahl elementar, denn das Brot erhält durch sie eine neue Bedeutung: sie deutet ihn selbst (vgl. Pesch 1978,90). Und an dieser Stelle kommt Jesu Handlung ins Spiel.

b) Der Opfercharakter des Brotes und des Brotbrechens

Oben wurde bereits angekündigt, dass die Brotbrechung den Opfercharakter im Letzten Abendmahl unterstreicht. Besonders im Licht des Becherwortes, des „vergossenen Blutes" stellt Jesus sich als Opfer, als Märtyrer dar, denn er gibt zu erkennen, dass sein Blut für viele vergossen wird. Er wird also willentlich und wissentlich (vgl. Stuhlmacher 1992,142) für die „Vielen" sterben. Es ist damit nicht verwunderlich, wenn Jesu Blut u.a. von Jeremias als „Opferblut" dargestellt wird (in Bezug auf die kultische Opferdarbringung), es ist jedoch noch weniger verwunderlich, wenn sich viele Theologen gegen eine opfertheologische Deutung aussprechen (vgl. u.a. Feld 1976,53) und ganz im Sinne Nietzsches fragen: „Was ist das für ein Gott, der zur Sühne von Schuld den Tod seines eigenen Sohnes in Kauf nimmt?" (Eckholt, in: Söding 2002,69). Eckholt (in: Söding 2002, 59-86) hat sich dieser Problematik angenommen und fordert einen sensiblen Umgang mit den Begriffen Opfer (*victima)* und Sühnopfer (*sacrificium*). In ihrer Argumentation kann der Tod Jesu nur im Gesamtkontext gedeutet werden, wodurch die Tradition des kultischen Opfers nachösterlich in neuem Licht erscheine, nämlich der Begriff des (metaphorischen aber doch realen) „Opfers" als Deutung des Todes Jesu: Er war *victima* der Gewalt der Autoritäten und ist *sacrificium* in seiner „Selbsthingabe aus Liebe". In letzterem Sinne ist vermutlich auch Gnilkas (2010,II,244) Begriff „Opferleib" aufzufassen[1], der das *Soma*, ebenfalls mit dem vergossenen Blut für viele in Verbindung bringt. Während Gnilka (vgl. 2010,II,244) jedoch mit dem Akt des Brotbrechens eine

---

[1] zumal er vorher Jeremias Deutung des Brotbrechens als Andeutung auf den gewaltsamen Tod ausschließt (2010,II,244).

Deutung auf den gewaltsamen Tod impliziert und es daher als sinnvoller erachtet, sich auf das bereits gebrochene, ausgeteilte Brot zu fokussieren, bringt Söding (2002,34) eine umfassendere Deutung des Brotbrechens an. Er sieht die Verbindung von Jesu Deutewort und Handlung als „verstecktes Anzeichen seines Todes". Der Tod, der im Brotbrechen impliziert wird, sei eine Gabe an die Menschen, denn er sei „Hingabe des eigenen Lebens" und dieses wiederum mache Jesus zum „Opfer". Im Sinne Eckholts präzisiert auch er: kein Opfer zur „Besänftigung eines zürnenden Vater-Gottes sondern (...) als Ausdruck der Liebe zu Gott und den Menschen."

c) Die Offenbarung Jesu als Gottessohn

Man kann also mit Pesch (1978,9) zusammenfassen, dass das Todesverständnis Jesu eine zentrale soteriologische und christologische Bedeutung hat: Jesus versteht seinen Tod als „stellvertretenden Sühnetod" für die Menschen. Dies wird in der markinischen Fassung besonders explizit in dem Wort „Nehmt" und in der anschließenden Reich-Gottes-Prophetie in 14,25.

Jesus ist der Gebende. Das wird nicht nur deutlich in dem Wort „für" aus dem Becherwort[2], sondern auch in seiner Aufforderung „Nehmt" zu Beginn des Brotwortes. Das Verteilen von Brot und Wein bekommt die elementare Aussage durch seine Deuteworte, denn indem er sich mit beidem identifiziert, gibt Jesus sich selbst: Er gibt Leben[3] (vgl. Söding 2002,33). Dadurch wird das Mahl zum messianischen Mahl (vgl. Pesch 1978,72), das aus den Nehmenden eine Gemeinschaft vor Gott formt. Nicht umsonst wird mehrfach darauf hingewiesen, dass Jesus selbst nicht gegessen und getrunken hat. Er stirbt in seiner Proexistenz den stellvertretenden Sühnetod „zugunsten", „anstelle" und „wegen"[4] der Zwölf und aller, die sie repräsentieren und vermittelt den Essenden durch die Anteilgabe am Heil den Segen der Gottesherrschaft (vgl. Söding 2002,35).

---

[2] Nach Söding (2002,34) kann dem Brotwort dieses „für die vielen" nicht abgesprochen werden, auch wenn es bei Mk und Mt nicht explizit erwähnt ist und auch die anderen hier genannten Autoren sehen eine Parallele zwischen Brot- und Becherwort.
[3] Zusätzlich kann man Brot und Wein als traditionell lebenserhaltende Nahrungsmittel beschreiben, was die Symbolhaftigkeit dieser Geste noch verstärkt und den Jüngern vermutlich das Verständnis bzw. die Übertragung erleichtert haben könnte.
[4] vgl. Söding (2002,34f.) zur Bedeutung des griechischen Wortes *hyper*

Die anschließende Reich-Gottes-Prophetie, die „elementar und typisch" für Markus ist (Dschulnigg 2007,266) stellt nun neben dem Becherwort[5] den sinnstiftenden Kontext dar, in das sich das Brotwort einfügt. Wenn den Deuteworten eine Todesprophetie Jesu und ein Heilsversprechen an die Jünger zu entnehmen ist, so wendet sich Mk 14,25 Jesu Auferstehungsgewissheit zu. Er setzt seinen Tod dadurch in einen unmittelbaren Zusammenhang mit der Vollendung der Gottesherrschaft und unterstreicht damit wiederum seine Proexistenz für das Leben der Jünger im Diesseits und Jenseits. Er offenbart sich hier als „Retter" (Stuhlmacher 1992,94) als „entscheidender Bote Gottes" (Pesch 1978,108), als der „Segen, den Gott spendet" (Söding 2002,34). Während Jesus bisher durch die Symbolik des Leibes und des Blutes stark auf sein Menschsein verwiesen hat, ermöglicht die Auferstehung, so Dschulnigg (2007,47) die „Einsetzung des Menschensohnes zur Rechten Gottes und dessen Kommen in Macht."

So ergibt sich in dem Brotwort mit Blick auf die Auferstehungsprophetie der folgende Zusammenhang: Jesus ist Mensch. Jesus ist Leben. Die Bedeutung seines Lebens wird durch seinen (Sühne-)Tod intensiviert. Sein Tod wird durch seine Auferstehung erhellt. Jesus offenbart sich explizit als der Sohn Gottes. Mit dem Tod des Gottessohnes beginnt das eschatologische Leben.

Das Letzte Abendmahl wird durch Jesu Wort und Tat als besonders gekennzeichnet. Abweichend von der jüdischen Tradition bricht Jesus das Brot und reicht dieses und den Becher mit Wein herum. Wie in seinen Gleichnissen nutzt er das Wort um Göttliches in Menschlichem zu verkünden. Söding (2002,23f.) sieht in dem Letzten Abendmahl einen Abschuss und Anfang zugleich: Angesichts seines Todes verlässt Jesus das irdische, menschliche Leben und tritt ein in das neue Leben aus dem Tod. In diesem Sinne ist das Letzte Abendmahl die „Summe seines gesamten Wirkens im Dienst der Gottesherrschaft für Gott und die Menschen."

Diese Ausarbeitung zeigt, dass die Deutung des Todes Jesu im Letzten Abendmahl im Brotwort beginnt, jedoch nicht dort enden kann. Oder anders herum: Jesu Wirken auf Erden bekommt durch das Brotwort eine nachdrückliche Bedeutung, die bei Markus in der Reich-Gottes-Prophetie besonders offensichtlich wird.

---

[5] hier explizit der Ausdruck „das Blut des Bundes", dessen ausführliche Erörterung nicht Gegenstand dieses Essays sein soll.

Literatur

Dschulnigg, Peter: Das Markusevangelium. Stuttgart 2007.

Feld, Helmut: Das Verständnis des Abendmahls. Darmstadt 1976.

Eckholt, Margit: Die theologische Deutung des Todes Jesu am Kreuz als Opfer und Sühne. Wiederkehr eines umstrittenen Themas. In: Söding, Thomas (Hrsg.): Eucharistie. Positionen katholischer Theologie. Regensburg 2002. 59-86.

Gnilka, Joachim: Das Evangelium nach Markus. EKK II. Neukirchen 2010.

Iersel, Bas van: Markuskommentar. Düsseldorf 1993.

Pesch, Rudolf: Das Abendmahl und Jesu Todesverständnis. Freiburg 1978.

Söding, Thomas: "Tut dies zu meinem Gedächtnis!" Das Abendmahl Jesu und die Eucharistie der Kirche nach dem Neuen Testament. In: Söding, Thomas (Hrsg.): Eucharistie. Positionen katholischer Theologie. Regensburg 2002. 11-58.

Stuhlmacher, Peter: Biblische Theologie des Neuen Testaments. Band I. Grundlegung von Jesus zu Paulus. Göttingen 1992.